INTERROGACIONES DESDE LA SOMBRA

INTERROGACIONES DESDE LA SOMBRA

SAMUEL LUNDY

Valparaíso
EDICIONES

Número 499 de la Colección VALPARAÍSO DE POESÍA
dirigida por FEDERICO DÍAZ-GRANADOS

Diseño de colección y portada: Chari Nogales
Maquetación: Carlos Henson

Primera edición: junio de 2025

© De los poemas: Samuel Lundy
© Diseño de portada: Isabella Lundy Mogollón

© Valparaíso Ediciones
  C/ Fray Leopoldo, 7 bajo, 18014 Granada
  www.valparaisoediciones.es

ISBN: 979-13-87538-58-3
Depósito Legal: GR 760-2025

Impreso en España - *Printed in Spain*
Gráficas Gami

INTERROGACIONES DESDE LA SOMBRA

Un agradecimiento especial para:

mi madre, mi abuela,
mi hermana Isabella, mi hermana Gabriella

Por ser destellos de luz.
Por su hondo cariño.
Por enseñarme a reír.
Por enseñarme a llorar.

Por ser poesía.

Ya sabemos como es sin respuestas
Mas ¿cómo será el mundo sin preguntas?
MARIO BENEDETTI

¿QUE SÍ?

Mi mejor poema
está lleno de mí
y aún no lo he escrito.

Es sobre esa canción
semejantemente muda
que sonará en la radio
a las tres de la mañana
cuando por fin me haya dormido.

Es sobre la brisa suave
que danzará con la noche negra
afuera de mi cuarto
después de haber cerrado la ventana
por miedo a engriparme.

Es sobre el gol del empate
que no gritaré a todo pulmón
porque apagaré el televisor
al minuto '85, para no sufrir.

Es sobre esa lluvia cálida
de tres de la tarde veranal
que caerá sobre la ciudad
el día después de mi muerte.

Es sobre esa vida tan mía
hecha de sombras borrosas

esa que no viviré
por miedo por falta de tiempo
por desenlace obligado.

El poema es sobre vos
que llegás mañana por la tarde
y yo que esta noche
me muero de ti
envenenado de tu eterna posibilidad.

El poema trata de encontrarte
en la inmortalidad de ese perpetuo quizá
de vivir dentro de la realidad
ilusoria de un semejante
preservado dentro de un jarrón
de de prontos.

¿Y LA NOCHE?

¿No te pasa que te pesa el cielo
a las seis de la tarde?
ese azul monocromático
anunciando el pronto crepúsculo;
conclusión apática del día

cuando no hay siquiera una nube
y el mundo pide la oscuridad a gritos
para pintar nuestras curvas de sombras
y hacer el amor a ciegas

un mundo que se lava la cara
se toma el té con un pancito
pretende ver el noticiero
mientras estira las piernas en el sofá

un mundo que se pone en bóxer
esperando que se duerman los dos chiquitos
para poder correr sus manos por muslos cansados
besar un cuello mugriento
tener excusa para pecar, pero en silencio

pero lo enfrenta un azul casi blanco
—Como el manto de María—
de luz que hostiga ojos cansados
y delinea con obviedad soberbia
el espacio entre los cuerpos

¿no sentís que el cielo te invade
a las seis y media?
un cielo terco al descanso
una quietud enmudecedora

estas tardes momificadas
no acaban
los minutos caen como lluvia
gota a gota
dentro de nuestra boca seca

melancólico cielo
exponiendo labios angustiados
anhelos vertiginosos
cuerpos podridos

apaguen esa fogata de mierda
con sus promesas constantes de vida
tan sola, mera esclavitud al cielo
se germina sólo en la noche
cuando los cuerpos se permiten el lujo
de creerse momentáneamente muertos

¿CÓMO TE SENTIRÁS?

No creo que entiendas mis nervios
el no saber dónde mirar
mientras estás parada en la cocina
con el difuso chisporrotear del sartén de fondo

vuelcas tus preguntas hacia mi
en forma de una mirada inquisitiva
que amarra nudos nerviosos
dentro de mi garganta

¿cómo decirte lo que me haces?
con tu presencia tan surreal
tan vacua de monotonía
tan inverosímil, tan suave

solo quiero escucharte,
háblame del sueño
imposible que persigues
del mundo quieto que
pintás sola sobre tus párpados

déjame perderme dentro
del delicado bailar
de tu boca
tan lejana

provincia de suspiros resguardados
hoguera de melancolía tuya
que me guía como un faro

a la isla de posibles entusiasmos
enmudéceme con tu melodía
de palabras murmuradas;

bendito tren musical
que me transporta
al país que eres
a la patria de vos

lo prudente sería no escribirte
—no soñarte—
dejarte escondida en ese
de pronto que eres hoy

sí, sí:
Lo correcto.
Lo aceptable.
Lo recomendable.

Mas justo ahora
lo correcto no computa
ni compite
con tu risa casi muda

quiero poder descomponerme
absolutamente en vos
en la ciega ilusión de una
repetición eterna
eternamente efímera como tú

expresar este agito de crío
al saber que ahí están tus ojos
verdes y solemnes —viveros de expectativa—
esperando los pasos lentos y mendigos
de los míos

en mi torpedad tan solo pido
poder mirar a tu boca
brincar bajo la luz amarilla
por unos insignificantes segundos más

descubriéndote sílaba por sílaba
beso imposible por beso imposible

¿cómo inundarían tus labios
a los míos?

¿cómo sonaría mi voz
al susurrarle a tus abismos?

¿cómo se sentiría tu vida
recostada sobre la mía?

¿ES JUSTO Y NECESARIO?

Que irritante escribir de amor desde la atalaya de la juventud.

Tan lleno de saliva;
de pasto,
el que me quedó en el pelo tras dormirme en el parque soñándote.

De calor húmedo,
               tus suspiros, mi sudor, nuestras lágrimas
de cuerpos firmes,
chocando a ritmo rebelde, desafinando la marcha fúnebre del reloj.

De promesas honestas,
               Te amo
de realidades engañosas,
               Mejor dejémoslo.

Que justo escribir de ti
amor mío
idea hermosa.

Que necesario escribir de ti
monumento mío
vuelto hacía mi.

Que extraño escribir de ti
dentro de esta iglesia.
Que castigo imaginar tu boca
al mirar la corona de espinas.

Tu cuerpo recostado sobre la cruz
arropado por sábanas moradas.

Tú, dejada a la merced
de la muchedumbre de mis manos.

Y mis labios, que siguen hambrientos y resecos
aún después de comerte y tomarte.

Que irritante desear ese amor:
Lleno.
Absoluto.
Lejano a mí.
El que no merezco.

Anhelar pertenecer a ese templo
y tan solo recordar el baile efímero
de tus gritos dentro del
auditorio laico de tu alcoba.

¿NOS DISFRAZAMOS DE AYER?

Digamos que me fascina la textura
que adquieres en el recuerdo
LAURA RESTREPO

Dentro del vacío derretido
de las sombras
puedo aún oler
el perfume de tu risa
pintando las paredes lisas
de mis teatros sonámbulos

reconozco el clima veranal
de tu cuerpo quieto
envuelto en sábanas prestadas
al lado el mío
con su latencia forzada

me abrazas con honestidad
pretendo desenvolverme
contigo, sobre ti,
tú y otra, otra tú

¿Cuándo habrá espacio para
 expresar que me haces falta?
con tu cuerpo pegado al mío

te escucho respirar
me invade una nostalgia difusa

duermes sobre la contradicción
tan absoluta del recto tiempo
en ese sendero te toco y te extraño

¿en qué punto te habré extraviado?
¿o intercambiado por ésta?
tan real tan cálida tan memorizada
qué es tan vos y tan lejana a ti

baila el lunar al lado de tu ombligo
arropas mi torso con tu pierna
silbas suavemente cuando exhalas
todo perfecto
ensayado, como siempre

pero no hay manera de evitar
la abusiva realidad
que tú no eres reflejo de memorias borrosas
ni yo espejo limpio y reconciliador

¿quién habrás sido cuando dejaste de ser esa?
¿quién fui yo cuando fuiste tú la otra?
¿acaso podremos volver a ser esos que ahora
no son más que un vitral hecho de ecos rotos?

y sí no, igual acompáñame
a, por si quiera unas infantiles horas,
quitarnos las prendas del presente muerto
disfrazándonos de ayer en esta ciudad ilusoria

¿QUIÉN DECRETÓ DICTADOR AL SOL Y A MI ABSURDO?

Hoy el cielo parece haberse
disfrazado de arroyo
para transitar con irreverencia quieta
—en obligación divinamente diurna—
sobre mi cuerpo

las minúsculas moscas de los minutos
a la unidad oscura desmenuzan, desnudan, desmechan

sé que mis poemas siempre son sin raíces
evocan realidades de nada, necrosis, naufragio

este amanecer con quietud de ataúd
inundado hasta rebasar de saliva, sábila, sangre

este cuarto luminoso, perfecto burdel
para parir preguntas bastardas
en forma de cucarachas de tinta
con sus aliterados aleteos ansiosos

es hora de que suene el himno nacional
sediento, satírico, sádico
de esta patria mugrienta y viva
hoguera erecta de machacadas manos muertas

mi novia —*Ms. Penumbra*— estaba disfrazada de telaraña
bailó una preciosa salsa caleña arrinconada

con música de la famosísima orquesta alemana:
Volkswagen-Autoalarmanlage

que retumben los aplausos en el hospital estatal
Sr. Hiperión y Doña Tea, ¡Felicidades!
¿cómo se llamará el chico?
con su sonrisa enigmática y ojos de juez

voy a correr al cuarto de al lado y despertar a San Agustín
con sus sábanas pegajosas y retinas llorosas
para que juntos, aunque por distintas razones,
exclamemos en pregunta divina
¿por qué la mañana ha de llegar siempre
de manera tan cruel y vertiginosa?

¿QUÉ TE PODRÉ PEDIR, SOFÍA?

Tú tan sutil y tierna
como efigie de mariposa marmolina
yo tan testarudo y rígido
como cachorro aprendiendo a caminar

resuena tu nombre contra
las paredes macizas de mis sueños
Sofía, Sofía

como un conjuro seráfico
contra el canto abúlico
de los pájaros sonámbulos
que anidan en mi paso colérico

quiero todo de ti:

Que seas coronel
de mis huestes melancólicas.
Que seas baliza
para mis náufragos ojos.
Que seas leña de abedul
en mi fogata menguada.

Que seas, Sofía
que seas justo como te encuentro hoy
escondida en la penumbra del amanecer
con ojos inquisitivos y sonrisa plácida.

¿PARA QUÉ TANTO?

Cuando por fin firme el armisticio con el guerrillero tiempo
y el mundo pierda su sensación a muda de estreno
¿sabré esbozar cuidadosamente sobre un lienzo oscuro
la diferencia entre la soledad y la muerte?

Cuando haya decorado a mi camino de ampollas,
haya bebido interminables amaneceres solemnes neat,
haya desnudado a las letras y explorado sus límites
¿podré explicar ahí el eterno sabor de tinta atascada sobre mi lengua?

Cuando se me desgaste la piel bajo miradas cansadas,
se me cicatrice el pellejo rajado de crío,
me cubra el ungüento humedecedor de la infinita noche
¿rascaré por fin esa picazón de alma brotada?

Cuando la ceniza huela igual a un país sin nombre,
el aroma lúgubre de la lluvia se haya impregnado en mi aliento,
y el hálito de una mengana—entonces mía—huela a patria
¿se irá este constante olor a muerte estancada de entre mis sienes?

Y, si no
¿para qué envejecer?
¿para qué tanto?

y si sí,
¿cómo soportar la espera?

¿EN QUÉ MOMENTO DEJAMOS DE JUGAR?

Recoge los pedazos caídos de mi pecho
tajado en rebanadas finas y diáfanas
por el machete negro que blandieron las manos invisibles
de los militantes camuflados de mi desamparo
escondidos en este laberinto abúlico de ruido violento
bordeado de estatuas de huesos descuartizadas

recolecta esa muchedumbre de miradas feroces
que se derritieron sobre mis pómulos salientes
como una fila de hormigas cálidas
que buscaban la eterna protección del lodo parco

machaca esa lengua mía, de sangre negra
con la cual autoricé la horrible matanza
de incontables sensibilidades lactantes
mediante los fríos rifles de mi habla tosca

llena una canasta con el verde hedor punzante
de seguridad fatua que emanaba de mis axilas
rezagadas tras un par lampiño de brazos inútiles
que ahora descansan despedazados en un rincón
de este cuarto —que es jaula— hirviente

esos pedazos asquerosos; míos—
que hoy son todo lo que reconozco
dentro de este olvidado reflejo
postrado frente al espejo del amanecer—
ponlos dentro de una canasta de paja

balancea esa maldita urna improvisada
sobre una fogata de llamas macizas y zapotes
para que a fuego lento destrocen esa carroña desmembrada
del invasor interno, armado de supuestas madureces

el cual se apoderó del inocente pequeño que
acurrucado con su madre,
se sintió capaz de observar en la penumbra del alba divina
una partecita suya

quema esos restos monstruosos que llevan mi nombre,
haz añicos esa triste sonrisa engreída de dientes manchados
por el veneno amarillo de la profunda apatía
que invadió lo más fundamental de mi alma desgarrada

guárdame tan solo en esas fotos
de un pequeñín inocuo
que miró al mundo con estupor manso
y este, de vuelta, le secó los ojitos
de cachorro, mojados

guárdame ahí, Samuel
en lo que fui.
Guárdate ahí, bichito
en lo que sentimos hace tanto,
en lo que parece que no somos más.

¿MURIÓ EL CORONEL?

Los seres humanos no nacen para siempre
el día en que sus madres los alumbran,
sino que la vida los obliga a parirse
a sí mismos una y otra vez
GABRIEL GARCÍA MÁRQUEZ

Por la isla de Santa Elena, en medio del Atlántico,
pasa un río.
Para ser honesto, llamarlo río es excesivo.
Es un pequeño riachuelo, con una corriente dócil
que emula el suave vaivén del viento isleño de abril

Ésta vigía de rocas volcánicas y trópico—
tan contradictoria en su naturaleza—
hospeda al viejo, quien es igual de onírico
que su dominio militar sobre éste
alojamiento de mendigos emperadores

Existe un escondite dentro de la selva;
recóndito paraíso dónde se mece el río
pasando suavecito y sin aparentar.
Casi muerto.

Ahí, donde se infiltra el pesado sol
a través de irregulares aperturas en las copas de árboles,
hincado sobre un tronco mutilado
está el viejo.

Mira al riachuelo —tan débil—
y en su pecho se encienden llamas negras
de odio.
De soledad.
De impotencia.

La musa de Heráclito lo mira de vuelta.
Se postra ante él con regalía burlona
le besa las botas militares y carcajea
se ríe y se va.

Resuena esa melódica burla en forma de una
copulación maldita con el mensajero viento.
Ese canto de agua adormece a las flores de la isla.
Al viejo lo enloquece.

Su ira taponea todos sus poros,
solo se digna a salir a través de sus ojos
y su garganta seca;
disfrazada de graznidos profundos
y súplicas de piedad quiméricas

el viejo enfoca toda su fuerza sobre el pasillo de agua
y le ordena que se detenga, como le solía dictar
a su infantería cuando atacar; cuando matar.
Todos los hombres puestos a su disposición;
sacrificaban a sus dioses acorde a su brazo en extensión

su paso solía ser firme, desfigurando el suelo a imbalances
    cóncavos donde pisara.
Su palacio era magnífico, erigido con un dios en mente.
Su voz opacaba el retumbar de un relámpago, gritos de
    revolucionario y murmullos de mesías.
El maitre et possesseur de la naturaleza, del hombre, de todo.
Todo le perteneció a él
Menos el rumbo terco del gran río.

Ahora —despojado de sus medallas,
con un sombrero más filoso que una corona de alambre
y botas militares que ya no marchan—
se burla aún con más fuerza el río:
                    La voluntad
                    Heráclito
                    Dios.

Porque el viejo, que fue general y protector—
o tirano y asesino—
ahora pierde la única batalla de importancia
la de toda su vida

rápidos o lentos, el río y su baile eterno
inunda el universo con su naturaleza innegable.
Una sola ruta, movimiento continuo de creación y destrucción.
De batallas perdidas.

Ahí, en ese nuevo trono de madera, se sienta el conquistador.
Con furor ciego maldice la clepsidra divina
que le muestra que el hombre que fue
quizá nunca fue
y definitivamente no será más.

¿SENTISTE EL TEMBLOR ANOCHE?

Más bulla, siempre hay más bulla
particularmente en las noches más desoladas
cuando figuras negras bailan entre las sábanas
contra las paredes, chorreando llantos carmesí bajo mi piel

resuenan los infinitos pasos uniformados
de resentimientos armados con fierros y cuchillos oxidados
esas desgarradoras tropas de quejas insomniacas
que invaden la patria indefensa de mi alcoba oscura

son potentes huestes comandadas por un delirio inverosímil
que verdaderamente nunca va más allá de un débil llanto febril,
incapaz de apaciguar la abstracta tormenta de naranja ardiente
que aterroriza ese singular orbe mío de vida azul

maldita esfera azul donde me parí, me construí
con el mismo ladrillo de arcilla melancólica
que mi padre utilizó para decorar la sala
desolada y fría de entre sus sienes

¿QUÉ HAS HECHO DE MI VIDA?

Vida, mi vida, ¿Que has hecho de mi vida?
ALEJANDRA PIZARNIK

Cuanto me cansa sentir
que no tengo nada que decir
dentro de este mundo plomizo y desnudo
que se presta para que lo explores solo desde la indiferencia

cuanto me desespera saber
que este y todos mis poemas
tan solo son actitudes inútiles
de un infante desesperado —sin virtudes (o vicios) de poeta

que maldición tan absoluta
la de mi personaje inestable
que se acomoda a su audiencia
y se desconoce a sí mismo.

Escasez que abarca todo

que falta de despilfarro
de libertad borrosa y ebria

que falta de profundidad
de pensamiento fértil y hondo

que falta de calma
de siestas calladas y tibias

que falta de anhelo
de presagios livianos y de ensueño

¡Que poco, ay que poco!
Que poco amor.
Que poca noche.
Que poca vida.

¿SE PUEDEN AMAR LAS FORMAS?

Te extraño amada;
extraño tus suspiros
y mínimas sonrisas.

Ahora que no estoy,
—que nunca estuve—
protege los iris infinitos de tus ojos,
guárdalos detrás de tus párpados oscuros.

Te escucho mujer;
tus lejanos secretos son la mejor canción de cuna.
El viento coqueto arremolina flores rosadas alrededor tuyo
y tus labios desolados buscan con quien bailar un suave vals.

Imposible no amarte,
el mismo sol te otorgó su honor de fuego.
Te veo en las profundidades perpetuas del mar;
solemne y taciturna: pintas el cielo en silencio.

Te oigo melódica y dulce;
una orquesta bañada en miel pura.
Te admiro, tierna y serena;
ojos coloreados por un bosque perplejo
y una piel preciosamente morena,
suave como un atardecer de primavera

Te veo, pero no te mueves.
Te escucho, amada, pero no hablas.
Te extraño amor mío, pero nunca me pensaste
Te siento mujer, pero no existes.

¿HAY ABSOLUCIÓN CONTIGO?

¿Por qué no confesarle todos mis pecados a tus abismos?
qué me persignes con tu boca; preciosa transustanciación
de mis lágrimas y mi tinta
ahora disfrazadas de miradas cansadas y pelo café

vestidas de sangre y cuerpo
de vino y pan
de infinitud,
divina
de ti,

¿QUÉ PENSÁS, FLORA?

Recibe este rostro mío, mudo, mendigo.
Recibe este amor que te pido.
Recibe lo que hay en mí que eres tú.
ALEJANDRA PIZARNIK

Pasa un río sobre tu cuerpo
se bifurca violentamente sobre tu pecho
ese río rojo que me nutre
y extrae de ti toda tu sangre.

Rojo como una rosa.
Rojo como el vino.
Rojo como tu llanto.
Rojo como la muerte.

Niña mía, parada en un bosque de cuerpos grises
con párpados pesados y mente siempre en vuelo.
Mendiga absoluta, de codos raspados y suelas enmugrentadas
princesa perfumada y noble, de vestido tejido por sol.

Son hermosos tus ojos de lodo; lúgubres y cálidos
preciosos féretros adornados por las gemas azules del inquilino solitario.
Fúnebre inquilino que te habita
incendia el cielo de tu cabeza con la llama negra eterna.

Fragmentada me miras, sentada sobre las gotas de lluvia.
Mojas el piso
dejas seco al cielo.

Víctima del simétrico espejismo de la vida.

Devórame, con tu lengua negra.
Devórame, con tu lengua lactescente.
Bébeme, con tus labios resecos y arenosos.
Bébeme, con tus labios aguamarina y fértiles.

Libérate de ese canibalismo que te induce la noche
la débil luz de la vela apenas ilumina tu cuerpo
en las paredes bailan juntas tus sombras; tus mil sombras
tus infinitas sombras; tus dos sombras;
tu sombra.

Única y maldita
individual y rota por el ladrillo de tu padre.
Única y armoniosa
individual y forjada por los labios de tu Padre.

Entrégame esos pedazos como ofrenda de luna
las bendiciones del tacto se parecen a mí
la profundidad oscura de tus vacíos se parece a mí
el río a la derecha de tu pecho me refleja
el río a la izquierda de tu pecho me refleja

entrégame tus pedacitos, granos de arena blanca
esos que me agradan. Esos que me imitan. Esos que me iluminan.
Entrégame tus orbes rotos, rocas de carbón deformes
esos que me odian. Esos que me asustan. Esos que me gritan.

Entrégame todo, mi niña.
Tus memorias del dormir y tus sueños de insomnio.

Tus millones de fragmentos; tu cuerpo que se bifurca.
Tu alma que tiembla.
Tus párpados pesados.
Tu inquilino amargo.

Esos infinitos pedazos. Esos dos pedazos. Ese pedazo, que eres tú.
Que en él me encuentro a mí.

¿HAY BOSQUES EN TU PECHO?

Bailan violentamente las ramas de los pinos
al son del latido melancólico del cielo gris
árboles embriagados de vida tropiezan y ríen torpemente
se tambalean a mi alrededor, adornando mi pelo con sus frutos

¡O troncos firmes y fuertes, eternamente quietos!
Enséñenme a bailar y beber, a tambalearse sin caer
sus profundas raíces los unen vívidamente,
en un abrazo absoluto con el otro

un telos divinamente delineado;
una existencia en infusión con el lodo infinito

existen con terquedad, en relación a sus hermanos
se miran sin bajar la vista
se tocan sin miedo

crecen tan altos como el paraíso
sin renunciar la amistad a las lombrices y cucarachas
empapadas por la lluvia.

Viven sin enfrentar la dulce tentación del recluso vagabundo.

Pino poderoso e infinito, tu duplicidad me enamora
me opacas con tu enorme figura, me derrumbas y te aplastan las nubes;
fraternidad benigna con Atlas, comunicada en temblorosos brazos.

Me abrazas con cuidado, como una madre y su cachorro
tan solo los rayos de sol que tu nombras dignos
besan mi piel

¡O confusa paradoja! Por siempre fuertes y delicados
reposo del vuelo eterno de las criaturas del cielo
hoguera de vida —contrastando con la mugre parca—
para los desesperados que se arrastran

tan elevados y firmes
coquetean con la niebla y besan a las diminutas flores

¡Sean mis profesores!
Eluciden las oscuras profundidades de mi pecho

¿cómo puedo vivir tan estirado en dos realidades?

saber ser poeta desde la luna
hijo desde los valles

saber volar sin perder mi peso,
sin dejar mi rumbo a la deriva

saber pisar con firmeza el suelo mojado,
sin ahogarme en el barro

enséñame, O padre del bosque
a caminar el mundo sin dejar de mirar las estrellas.

¿QUÉ / QUIEN ES LA PATRIA?

Al son del suave batir de las alas de las libélulas duermen tus hijos
en las sierras, los valles, y los planos se recuestan sobre tu cuerpo
    desnudo; ensangrentado y tembloroso.
Mujer herida.

La prosa de las trompetas embriaga al viento; el abrazo del licor le
    canta al vacío de las almas
la prostituta besa al candidato presidencial —con calculado exceso
    de celo—
quien sucumbe al mercantilismo de su alma y la disponibilidad
    preciosa de sus curvas

el poeta y el sacerdote cantan un vallenato borracho entre el gentío
ambos dignos del beso divino
pero ambos seducidos por la banalidad del ritmo
todo ocurre en una vieja cantina erigida sobre la orilla del río.
Un mesocosmos de todos tus pueblos; de todo tu cuerpo

a la distancia te lloro y te anhelo; mi entelequia absoluta
extraño tus lágrimas multicolores, endémicas a tus ojos siempre
    cambiantes.

Espero que mis llantos distantes penetren tu piel y se establezcan ahí
entre los murmullos de los huesos y el brillo de las esmeraldas.
que el agua que llora mi corazón nutra tus árboles infinitos
y permita erosionar los cuerpos que desnudas sobre tu vientre

¿HAY PEQUEÑAS MUERTES?

Dos moscas se pararon sobre mi pecho
vienen a desnudar mis huesos de sus prendas
lenguas mojadas. Ojos enfocados. Bocas semiabiertas.
Estómagos fatigados por la hambruna de su naturaleza

pobrecillas; angelitos afanados
buscaron cumplir su destino; supranatural y distante.
igual de responsables que la abeja embriagándose con la flor
igual de hermosas que el narciso enamorado del reflejo de sus pétalos

no las juzgo
mis ojos son el centro de dos círculos oscuros
mis huesos coquetean con la idea del sol
solo los frena un filamento de carne diáfano
mi pelo es derivado de los rápidos del Estigia
mi boca ha estado inmóvil por horas,
flotando sobre esta banca de madera

no se preocupen oscuros querubines
no le diré a su maestro sobre su error
ay preciosas moiras
recordándome mi reserva de hado

¡Qué buena hospitalidad!

Pero,
vuelen a buscar otros huéspedes
creo que a mi reserva le falta tiempo

gracias amiguitas por despertarme de este trance
las cosquillas de sus alas me han hecho reír con furor
nos volveremos a ver en un rato,
de agradecimiento les tendré un banquete

les prometo un cuerpo felizmente
cansado de reír.

¿TAMBIÉN SERÉ LOCO, SENHOR CUBAS?

Ao verme que primeiro roeu as frias carnes do meu cadáver
dedico como saudosa lembrança estas Memórias Póstumas
MACHADO DE ASSIS

Estoy celoso de las lombrices que transcurren el piso mojado
se hunden en profunda oscuridad, deslizándose en dirección de la nada
sus ojos ven claramente las eternas imposibilidades dentro del lodo
sus delicados cuerpos navegan el abismo nocturno del mundo subterráneo

eclipsan todo en silenciosa devoción
amigas de las flores
primas de las hormigas
humildes sirvientas de los ángeles coloridos del bosque

lombrices, musas del mundo
viven vestidas por las entrañas de Gaia
amamantadas perpetuamente por el seno de la vida
preciosamente insignificantes; absurdamente divinas
dignas de bailar por siempre con la hoguera de la humanidad

estoy celoso de las lombrices
pues ellas besaron por ultimas a mi abuelita

estoy infantilmente celoso porque mientras ellas se sumergen
yo estoy obligado a asomarme sobre el suelo
enfrentando las crueles burlas del sol

estoy celoso porque debo amarlas
son mi destino romántico
pues serán ellas las que me desnuden
profunda y perpetuamente con sus besos.

¿QUÉ DECÍS AGUS?

Ojalá me pudieras vestir con dulces miradas
agarrarme la mano y regalarme tu amor
perdonar mi perpleja banalidad
no regocijar en causa de mis fallas

he robado mil peras;
unas las he arrojado a los cerdos
otras las he violado con mi brusca boca
la mayoría las he dejado caer; sujetas al cruel castigo de la putrefacción

lentamente y sin misericordia se pudren
las veo tornar oscuras
vaciadas de vida como cultivos en quema;
propagación natural de campos baldíos

las asesinas criaturas del suelo las penetran
con un desdén sutil
llenan sus abismos con lodo y podredumbre
se mantienen apenas con vida; victoria pírrica de la voluntad

tú en mi ves una pera,
eternamente destinado al suelo y a los gusanos

una pera que robas por tu glorioso aburrimiento
soy, en tus ojos azules, nada más que un adorno del suelo
un crimen sin razón;
el más mórbido de los pecados

¿TE ACUERDAS?

Te dejé atrás en un verano caliente
ignoré las súplicas de tus ojos y corrí hacía la ciudad
guiado por un deseo difuso
llamaste mi nombre por una eterna oscuridad
me escondí bajo un árbol de manzanas

la comida que me dabas venía intoxicada con tus horribles lágrimas
tus caricias dejaron de ser livianas y llenas de cariño
a decretadas y condicionales.
me amabas y ahora ejerces tu propiedad sobre mi
destruyendo el acuerdo silencioso que hicimos cuando exploté en
    llanto por primera vez

…

Recorrí la ciudad con buena y mala compañía, por igual
dormí con frío y caminé con hambre
fui de fiesta sobrio y lloré borracho
te vi dormido y te grité en silenciosa oración

admito que conocí todo tipo de criatura
unas volaban y otras se deslizaban por el piso sucio
sus ojos variaban, unos eran blancos de tanto mirar el abúlico sol
    de verano
otros padecían de una oscuridad anamórfica; consecuencia de
    párpados llenos de mugre.

Y todos lloraban.
Todos lloraban.

El ángel del pasado secó mis lágrimas y me enseñó el porvenir
hoy camino de vuelta a tus abrazos memorizados
mis tercas piernas no frenan sus zancadas mecánicas
a pesar de mi inconformidad

te veo con una sonrisa de aliento bígaro
y un plato de comida en tu mano
¿Estará mórbidamente húmedo?
¿O habrás recordado como amarme?

¿HAY ALGO DE ELLA EN TI?

Te beso, pero no besas con la misma dulzura que ella
no me abrazas igual, con furor ciego
no jadeas un precioso ritmo al tenerme cerca

¡grítame y tócame! Hazme sentirte en el hoy
sin la enorme sombra de su figura opacando tu cara

no trates de compararte,
tu efervescente belleza se para débilmente ante su sombría totalidad

te tengo. Eres mía, solo mía.
aun así, la pinto a ella y no a ti en mi mente

¡grítame y tócame! Tal vez en tu incesante flaqueza
encuentre la cura al veneno de su dulce aliento.

Te puedo sentir, no freno mis manos
juegan coquetamente sobre tu lumbar.

Siento el peso de tu efímero cuerpo sobre mi pecho
tus cabellos oscuros me rozan el cachete

¿por qué no me hundes como ella?
no puedes, tampoco, elevarme a los cielos como ella

contigo no me siento mareado, de tus ojos no depende mi ser
en tu voz no se esconden las hermosas bestias oscuras de Su creación

estás aquí, tan estable y sin cambiar; tan real
y no te amo.
La amo a ella.

en su eterna fluctuación del otoño
en el océano violento de sus abismos

ámame, te suplico
aunque yo nunca te ame a ti.

Bésame con tu inocencia de juventud; tal vez ahí yo también me actualice
Ámame ahora, porque cuando me establezca, firme y corpóreo, como tú
Me habré perdido.

Para Regina Olsen
De S.K.

¿YA CANTÓ EL GALLO?

No me duelen las manos
de no poder dejarlas dormir sobre vos
ellas siempre fueron brujas libertinas
que no pudiste encadenar a tu vientre rojo.

No me duelen los oídos
de no poder escucharte pintar ese mundo tuyo
pues el paisaje del alba desolada abunda de aves
que cantan versos de colores sobre el lienzo diurno.

No me duelen los labios
de no poder bailar con los tuyos
siempre fueron avivados para encontrar pareja
cuando suena el primer rasgueo de la trova estrellada.

¿Cómo me puede doler?
Si tu despedida se llevó todas las definiciones
dejándome con este armazón verde de mundo
donde abundan límites ciegos y sombras derretidas

cuando te digo que no te deseo, ni te sufro, más
es porque esa delicada facultad sensible —que hiciste tuya—
se fugó por mi boca persiguiendo el hilo aromático
de lavanda rota que es endémico a tu cuerpo dulce,
ahora ido.

¿FLORECISTE EN MÍ?

aquí se quedan sólo los fantasmas.
Ustedes pueden irse.
Yo me quedo.
MARIO BENEDETTI

Justo salió el sol en el parque
de pronto secará el pasto mojado
aquel que empapó mis pantalones

>Justo salió el sol en el Parque
>de pronto me secará con cautela
>o me protegerá del viento frío

Hoy me volvió a doler el cuerpo
mis miles cuerpos.
corazón parasitario mío, tuyo, nuestro.
se devora el estómago de ese muchacho
que soy yo
ese pobre sentado bajo un incómodo árbol
y sobre pasto mojado.

>Ah cómo gocé del rocío mañanero
>la visita divina del agua
>esa agua me moja de vida
>vida para ser vista.
>Para ser efigie de la luna
>chiquita y frágil,
>sujeta a las ardillas, al viento, al benigno rocío.
>Sola.

Solo.

Esclavo del imperdonable
jalar del suelo

no te mientas poeta
¿poeta?
hombre simple
simple como el cielo opaco
estás (¿estoy?) sentado bajo un enorme roble
el parque murmura secretos de pura vida
y tú estás rodeado de hormigas tuyas. Tuyas
y estás solo. Solo y conmigo. Contigo.

Soy hermosa, con núcleo azul
azul oscuro como un mar en guerra.
Como un mar infantil
en pataleta contra la Luna.

Ahí viene el
Viento
de nuevo

que frío momentáneo tan repentino
oscilando la temperatura de mi alma

Que destrucción tan absoluta
de mi postura. Destrucción
barbárica de mi forma;
figura de estatua

que florecita tan resiliente
esa al frente mío. La empuja el brusco
Viento.
Y sigue en pie.

Pétalos blancos y centro azul.

Que hombre tan ciego
ese que me mira con ojos curiosos.
Detrás suyo vive todo el parque.
Hay muchachas hermosas, flores rojas,
perros, peros (o de prontos), y sol.

Y el me mira a mí
pequeña y singular.

Así estoy yo.

Así estaré yo.

Solo, solo, solísimo.
Duermo y me ahoga el
coqueto silencio de la tarde;
aquel que refleja el hermoso canto de la muerte
esa anunciada, ese lúgubre servicio al cuarto.

Estoy sola y conmigo.
Sola en mí.
Parada tercamente
para que me admiren tan solo
a través del rabillo de ojos;
ojos siempre ocupados y veloces

no te mientas hombre
¿hombre?
cosa que eres; sin razón
como un espejo roto
roto por una piedra invisible
que lanzó él. Ellos. Tú. Yo.

No te mientas, flor.
Quieres irte de este maldito parque.
con flores rojas ardillas y perros.
Insoportable.
Esta vida tan tuya no es
de nadie.
Y si no te mueres es
sencillamente
porque no sabes cómo.
No se mientan.
Escribe tu triste soledad.

Modela tu blanca soledad.

Soy flor, con vida suspendida
del rabillo de ojos.
Indiferentes. Ajenos.
Ojos esos, suyos.
Ojos miles. Todos míos.
Ninguno bajo mi control.

Soy hombre, con promesas dichas al
Viento.
Dándole la espalda al mundo
por incapacidad de involucrarse
en él.
Con miles hormigas suyas
— pedacitos arrastrados del alma—
todas el,
ninguna completa.
Todas con hambre y sin
tener hoguera de alimento en ese
corazón vacuo.
Suyo.

Estoy solo. Profunda
y verdaderamente.
Estoy solo dentro de mi
especialmente.

Debajo de un roble enorme
en un jardín en ruinas
con ojos cerrados, adornados por florecillas blancas
como las monedas de oro del faraón
rey de los mil cuerpos. Las mil voces. Las mil flores.
Todas suyas
ninguna él.

¿TE IRÁS DE MÍ?

Cuando uno lo auscultaba se le sentían borboritar
las lágrimas dentro del corazón
GABRIEL GARCÍA MÁRQUEZ

No existe conjuro en este mundo
que permita la emancipación
de mis pobres labios
del derrumbante rostro tuyo

y es que estás en todo
lo que hay y lo que hago
en el afán de cascada diurno
en la violenta revolución
de militantes murmullos nocturnos

te escondes en el silencioso rocío
de tres de la tarde solmenes
donde florecen las amapolas llorosas y ensangrentadas
alimentadas por la intemperie taciturna del cielo mudo

caminas por el jardín de rosas blancas
que absorben el brillo lactescente de la luna
a la misma hora que ahí vagan espectros borrosos
de promesas cremadas y amores difuntos

te veo en la delicada maravilla amarilla
acariciada por la terca niebla de octubre.
En la ardilla que con sutileza salta
de rama rota en rama rota
provocando la anciana queja del árbol gris

estás en esas noches de almas ciegas
donde me destruyo con delirio germinante
en el dulce vaivén de unas caderas tibias sin nombre
que después observan cansadas como chorrean
suspiros estancados de las paredes repentinamente calladas

cantas en el ebrio coro derrochador
de la trompeta, sola y mendiga
que ronda las noches de aire cálido
buscando el difuso brillo de un farol sobre una puerta
indicando el posible alojamiento dentro de un corazón rapaz

te estás meciendo en esa silla carcomida
dentro del viejo cuartito de paredes musgosas
donde la ratonera del rincón atrapó al querubín dorado
y la gotera de presagios licuados apenas empieza
a erosionar su carcasa desnuda

moras dentro de esas hondas cavernas
donde coleccionas absurdeces del azar
chucherías de infancias imposibles
cadáveres de amores escuálidos y deformes

estas ahí, en mí
durante la bulla y el silencio
el arranque impávido y el dedicado cálculo hipotético
en la neblina y la llovizna y la brisa
en el grito de éxtasis y el mudo llanto solitario

estás concentrada dentro de ese líquido transparente
que perpetuamente mana de mi esternón rajado

el que el poeta, el filósofo y el terapeuta
llamaron índole melancólica
Y mi abuela —en su sabiduría absoluta de matriarca—
llamó malparidez

¿SE PUEDEN ESCRIBIR POEMAS SOBRE ESPALDAS DESNUDAS?

Déjame dármelas de cartógrafo en esta noche de techos estrellados
que el liso hálito del cuarto cálido sirva de pergamino,
tu pendular y suave respirar de clepsidra,
el calor vivo de tu cuerpo —que siempre perdura— de brújula
                                              …
Mi índice explorador quiere navegar los violentos rápidos
de tu espalda, río de besos secos y estrías y pecas
tu columna vertebral como ruta decretada entre litorales; lumbar y nuca
mi insomnio de enamorado como barca humilde y firme
                                              …
Quiero perderme en el laberinto de tus abrazos:
sendero solitario donde ahora moran mis manos frías,
hospedaje de tiernos arbustos de azúcar, creciendo sobre tu hombro expuesto
que con el cálido rocío nocturno se derriten sobre tu cuerpo
inundándolo con un aroma de dulce verano
                                              …
Voy a adornar tu jardín de sueño con las florecillas de papel
que construí a punta de silencios umbríos
para que sean las luciérnagas letras de mis versos anochecidos
las que arropen —junto con mi brazo— a tu cuerpo descubierto.

¿DÓNDE TERMINA LA NOCHE SIN TI?

No existe —dentro del infinito laberinto del tiempo— un mundo
donde tus frases taciturnas no sean caricias
lúgubres y delicadas y ciegas

no existe una tú —dentro de tu eterno taller de arcilla—
que no desamarre las noches más atoradas
con el cantar de tus ojos tristes

no existo yo —jamás, nunca— dentro de este mundo
de términos indiferentes y oscuros
sin el glosario de tus labios cálidos de antorcha

tan solo a través del diccionario de tu rostro
—tus risas mudas y llantos crispados y anhelos atrincherados—
puedo elucidar esta noche perpetua y encontrarme

al desnudo, empapado por el vítreo negro
de las sombras ejecutoras que me miran
derrumbado ante tus pies de ángel
                                        de faro
                                        de estrella
                                        de luz

¿DÓNDE?

¿Dónde puedo encontrar a alguien que haya olvidado las palabras?
Para que pueda hablar con ellos
CHUANG TSE

Como sangran lodo los minutos grises
intemperie de versos licuados
de lluvia profundamente ácida
de presagios estancados en gargantas cerradas

y ¿para qué soslayar el melódico acento de la brisa?
o el aleteo de las lilas contra el viento
o el silencioso degollamiento rutinario del sol
que derrama sangre viva sobre el lienzo de las nubes

¿para qué?
igual todo es agite,
si ese niño de allá no deja de correr
perseguido por abismos y ecos

quiero nombrar mis ausencias
delinear mis penumbras
auscultar mis silencios
categorizar mis soledades

pero no puedo, no hay ritmo
no hay música no hay letras
no hay no hay

todo es penuria
no hay nada más que el interno
—fisuras y hambres negras—
rio que fluye y no cesa de fluir
y yo en una pobre balsa con ancla de caucho

¿DEBO AGRADECER O MALDECIR ESTA CIRCUNSTANCIA DE PODER SENTIR... ?

«Only when I write do I feel well»
SØREN KIERKEGAARD

El poema resulta ser un medio expresivo precario y fútil
donde hablan más los silencios —los murmullos
de letras desmenuzadas, de frases olvidadas, de lo mío ajeno a mi—
que lo leíble o lo visible o lo ordenable

brusco armazón de pino lijado con lápices carcomidos
que es jaula y féretro de ecos desgastados
indudable confesionario acojinado por soledades
inhabitado por absoluciones propias

búsqueda senil de reposo callado
de sol que no quema
o luna que no se desangra sobre máscaras muertas
quimérica canción de reconciliación
entre el océano interno y el externo náufrago

a la vez, no hay mejor compañero para este mundo de vacíos
pequeño e inocuo muñeco con camisa de espejos tejidos
que se engarza a la incisión sobre el esternón
de la audiencia o del autor o de la noche o de dios
reflejando las formas abstractas del desolado paisaje

en estas tribus de simbolitos penosos, infantes
de penas profundas, escondidas, disfrazadas

se puede dejar descansar los cuerpos acongojados
chupándose el dedo y abrazando la almohada usada del verso-hostal

vivir es hacer poema;
poema de sombras, de ausencias
escrito con tinta de vacíos, de terrores llorosos
exaltando la melancolía como vocación

conclusiones sin sentido y mezquinas
opulencia de interrogaciones
austeridad de respuestas

fundamentalmente mío
voz de mi voz
vida de mi vida
mi luz como una agonía, como cenizas

¿QUIÉN SE COMIÓ LAS RESPUESTAS?

Sigue mirando el
ala rota a la pobre
mariquita mendiga
del parque casi vacío

...

No pares de ver a esos dos niños
hermosos querubines
de pelito marrón y risas amarillas.
cómo se persiguen alrededor del árbol
cogiditos de la mano—
escondidos de ojos muertamente adultos—
se dan besos en la frente,
los pies,
el cuello

así como los que antes
(antes que llegaran ellos)
solían invadir sus
respectivas salas familiares
durante las noches húmedas de verano

...

¡Adelante! pregúntate por qué la mujer—
sola, descalza, con dos botellas de vino
y recostada sobre un árbol infestado por

escarabajos—
lee y ríe en voz alta; casi que grita

aún parece que sus ojos
susurran otra melodía
una un poco más lenta, menos ebria
Semejantemente sola

...

¿Qué habrá querido decir A. cuando usó
esta oración, y no aquella, en su antología?

¡mirá, este poema no tiene título!
¿será que le doy uno? ¿qué habrá querido ella?
(morir, obviamente. Ese es otro poema sin título)

...

Practica la fenomenología
desnuda a las cosas;
que se quiten las prendas para ti.
«Solo las podés mirar. ¡Sin tocar!»
gritaron Heidegger y Merleau-Ponty
desde la puerta vinotinto pegajosa
del cuarto privado por el que pagaste

...

¡No cierres los ojos!
mirá cómo va de feliz aquel perro

lengua y cola bailando
en sinfonía con el sol

¡uy! que serio que va el dueño
parece que se es más feliz
con un nudo alrededor del cuello
que con un corazón mareado

…

Esa monja de allá parece realeza
se le sienta al lado un hombre
sin camisa y con uñas sucias
(«*¡Beso! ¡Beso!*» Gritó carcajeando el diablo)
saca cada uno un cigarrillo, los prende el sujeto
(las monjas no tienen bolsillo para encendedores)

fuman juntos, en sostenido silencio
se comparten entre ellos
un único rostro opaco que inhalan
en forma de humo.
el seno naranja del cigarrillo
amamantado a los mellizos

…

«¡Se venden rosarios!»
gritó el vendedor ambulante
«¡Tocados y bendecidos por el arzobispo!»

«¡Se vende sexo!»
gritó la prostituta (igualmente ambulante)
«¡Tocado y bendecido por el vendedor de rosarios!»

...

Te digo que observes en paz
(Pregúntate)
Desnuda a las cosas
(Desnúdate)
Pero no encontrarás nada
(Resígnate)

...

Te van a devorar las mariquitas
los niños te van a patear corriendo
se va a orinar el perro en tu cuaderno
te echará los santos óleos la monja
mientras usa el rosario prestado de la prostituta

y entonces en tu lápida—
debajo de un árbol cualquiera
en Letná Park—
dirá:

«Aquí yacen las respuestas»

ÍNDICE